ICH SCHIESS MICH WEG!

Die besten Fußballwitze, Sprüche und Scherzfragen

ICH SCHIESS MICH WEG!

DIE BESTEN FUSSBALLWITZE, SPRÜCHE UND SCHERZFRAGEN

Mit Illustrationen von Ralf Butschkow

Sonderausgabe
Veröffentlicht im Carlsen Verlag
April 2021
Copyright © 2011, 2021 Carlsen Verlag GmbH, Hamburg
Umschlag- und Innenillustrationen: Ralf Butschkow
Umschlaggestaltung: formlabor
Corporate Design Taschenbuch: bell étage
ISBN 978-3-551-32024-7

INHALT

SITZT EIN SCHALKE-FAN IM GARTEN ...

Der brasilianische Stürmer erscheint nach seinem Urlaub zu spät zum ersten Training. Vor dem Stadion trifft er auf den wütenden Trainer.
»Vier Tage zu spät!«, sagt der Trainer.
Darauf der Brasilianer: »Ich auch!«

Der dicke Trainer zu seiner Mannschaft: »Welche Muskeln werden beansprucht, wenn ich einen Dauerlauf mache?«
»Die Lachmuskeln!«, kommt es von der Mannschaft zurück.

Welches ist die kleinste Brauerei in Deutschland?
Die Nationalmannschaft. Die haben nur elf Flaschen.

Der Polizist zum Fußballstar: »Sie sind viel zu schnell gefahren. Mindestens 120 Kilometer pro Stunde!«
»Das kann gar nicht sein. Ich bin doch erst seit zehn Minuten unterwegs!«

Treffen sich zwei Fußballfans. Sagt der eine: »Weißt du schon, dass unser Stadion bald überdacht wird?«
»Nein, warum denn das?«
»Weil Glücksspiele unter freiem Himmel verboten sind.«

Das Kind zu seinem Vater: »Du, Papa, wann hat unser Verein denn das letzte Mal gewonnen?«
Darauf der Vater: »Da musst du Opa fragen.«

Der Trainer in der Kabine: »Ruhe! Wenn alle durcheinanderreden, kann ich mein eigenes Wort nicht verstehen!«
Kommt eine Stimme aus der Ecke: »Da verpassen Sie doch eh nichts!«

Sagt ein Spieler zum anderen: »Der Trainer meint, ich sei sein bestes Pferd im Stall.«
»So? Und warum?«
»Weil ich den meisten Mist mache.«

Die Mannschaft liegt 0:13 zurück. In der Halbzeitpause sagt der Trainer: »Jungs, ich bin zwar nicht abergläubisch, aber für heute sehe ich trotzdem schwarz!«

Was haben Bergwerke, Weihnachtstische und Fußballschuhe gemeinsam?

Stollen.

Sagt der Trainer zu einem Reporter: »Sie können wirklich nicht behaupten, dass meine Spieler unfair sind. Nach jeden Spiel besuchen sie ihre Gegner im Krankenhaus.«

Der Abwehrspieler nach dem Spiel zum Schiedsrichter: »Wo haben Sie eigentlich Ihren Hund gelassen?«
»Hund? Ich habe doch gar keinen Hund?«, erwidert der Schiedsrichter.
»Oh, das tut mir leid«, sagt der Spieler, »blind und keinen Hund.«

Bei welchem Fußballspiel ist kein Schiedsrichter auf dem Platz?

Beim Tischfußball.

Alexander zu seinem Vater: »Papa, darf ich heute Abend das Spiel im Fernsehen schauen?«
»Aber nur eine Halbzeit.«
»Super, dann gucke ich die zweite an!«

Nach der siebten Niederlage in Folge macht der Trainer mit seiner Mannschaft einen Rundgang durchs Stadion: »So Jungs, wo die Fernsehkameras stehen, wisst ihr ja. Jetzt zeige ich euch mal die Tore!«

Treffen sich zwei schottische Trainer. Sagt der eine: »Gestern mussten wir unseren Club auflösen. Und das nach fast fünfzig Jahren!«
»Ach, wie kam denn das? Habt ihr etwa eure Lizenz verloren?«
»Nein, unseren Ball.«

Der Trainer nach dem Spiel zum Schiedsrichter: »Tolles Spiel! Schade nur, dass Sie es nicht gesehen haben.«

Der Spieler beim Waldlauf zu seinem Trainer: »Trainer, so schlecht bin ich doch gar nicht. Hinter mir sind doch noch zwei.«
»Stimmt«, meint der Trainer. »Aber das sind die Ersten, die dich gleich überrunden!«

Drei Spieler der südkoreanischen Nationalmannschaft gehen in eine Kneipe. Sagt der eine zum Wirt: »Drei Kurze!«
Darauf der Wirt: »Das sehe ich. Aber was wollt ihr trinken?«

Wie bekommt man in der Gelsenkirchener S-Bahn noch einen Sitzplatz, wenn schon alles voll ist?

Man singt: »Steht auf, wenn ihr Schalker seid!«

Der Trainer brüllt den teuren Neuzugang an: »Das kann doch wohl nicht wahr sein, was du hier ablieferst! Wann bekommen wir endlich mal was von dir zu sehen?!«
Darauf der neue Star: »Ab morgen läuft mein neuer Werbespot im Fernsehen.«

In der Schule fragt der Lehrer: »Es gibt Millimeter, Zentimeter, Kilometer – und was gibt es noch?«
»Elfmeter!«, ruft Marko.

In der Halbzeitpause tobt der Trainer: »Ihr seid so schlecht! Eigentlich müsste ich achtzig Prozent von euch sofort auswechseln!«
Darauf ein Spieler: »Aber Trainer, so viele sind wir doch gar nicht!«

Der Teufel besucht Petrus im Himmel und fragt ihn, ob man nicht mal ein Fußballspiel »Himmel gegen Hölle« machen könnte. Meint Petrus: »Da habt ihr doch gar keine Chance! Alle guten Spieler sind bei uns: Pelé, Beckenbauer, Maradona ...«
Da lacht der Teufel und meint: »Aber WIR haben alle Schiedsrichter!«

Der Trainer nach einer schlimmen Niederlage zu seinen Spielern: »Vor dem Spiel habe ich euch doch gesagt: ›Spielt, wie ihr noch nie gespielt habt‹, und nicht: ›Spielt, als ob ihr noch nie gespielt habt!‹«

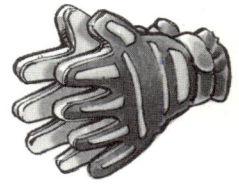

Der Reporter fragt einen Spieler: »Finden Sie es eigentlich richtig, dass Sie mehr Geld verdienen als der Bundespräsident?«
»Aber klar! Sie sollten den mal spielen sehen ...«

Warum ist Fußball der gefährlichste Sport?

Da wird geschossen und geköpft.

Kurz vor dem Anpfiff des Pokalendspiels kommt ein Fan völlig außer Puste zum Kartenhäuschen.

»Sie sind leider zu spät«, meint die Verkäuferin, »das Stadion ist bis auf den letzten Platz ausverkauft.«

»Na gut, dann geben Sie mir eben den!«, sagt darauf der Fan.

Wie nennt man einen Engländer im WM-Finale?

Schiedsrichter.

Sagt der eine Fußballer zum anderen: »Woher hast du denn die Beule am Kopf?«

»Ich hab gestern so schlecht gespielt, da hat der Trainer in der Kabine mit Wasser nach mir geworfen.«

»Aber von Wasser bekommt man doch keine Beule am Kopf!«

»Die Flasche war ja auch noch drum herum.«

Der Quizmaster zum Kandidaten: »Und Ihr Fachgebiet ist Fußball?«

»Ja«, antwortet der Kandidat.

»Na gut, dann sagen Sie mir doch mal, wie viele Maschen ein Tornetz hat.«

Sitz ein Schalke-Fan im Garten. Fliegt eine Biene vorbei und setzt sich auf seinen Arm. Sagt der Schalke-Fan zur Biene: »Also, wenn du hierbleiben willst, dann musst du erst das Trikot ausziehen!«

Der Abwehrspieler in der Halbzeitpause. »Trainer, ich glaube, ich kann nicht weiterspielen. Ich habe solche Kopfschmerzen.« Darauf der Trainer: »Das wundert mich gar nicht. Es heißt ja, dass Krankheiten immer den schwächsten Körperteil zuerst angreifen.«

Der Manager zum Trainer: »Wie war denn der Neue heute im Training?«
»Dem gelang ein Sonntagsschuss nach dem anderen.«
»So? Und warum haben Sie ihn dann wieder weggeschickt?«
»Na, wir spielen doch immer samstags!«

Der Sohn des Fußballstars in der Schule.
Sagt die Lehrerin: »Nenne mir drei berühmte Persönlichkeiten, die mit B anfangen.«
»Beckenbauer, Ballack, Breitner!«
»Hast du denn nie von Bach, Brecht oder Brahms gehört?«
»Ersatzspieler interessieren mich nicht.«

Der Manager zu einem Spieler: »Einem guten und fleißigen Spieler zahlen wir auch gerne ein hohes Gehalt.«
Darauf der Spieler: »Ich wusste doch gleich, dass da irgendwo ein Haken sein muss.«

Die Mannschaft hat zehn Spiele hintereinander verloren.
»Wir müssen ganz von vorne anfangen«, sagt der Trainer.
»Also, das hier ist der Ball.«
Darauf einer der Spieler: »Kann ich ihn bitte noch
mal sehen?«

SOLL ICH DEN SANITÄTER
RUFEN ODER DEN
THEATERKRITIKER?

Kai-Uwe spielt zum ersten Mal Fußball. Er wird ins Tor gestellt
und reagiert überhaupt nicht, als der Ball ins Tor fliegt.
Seine Mitspieler rufen aufgeregt: »Kai-Uwe, warum hast du
denn den Ball nicht aufgehalten?«
»Ich dachte, dafür sind die Tornetze da!«

Treffen sich zwei Fans des FC Barcelona. Sagt der der eine: »Grüß Gott.«

Sagt der andere: »Ich weiß nicht, ob ich Lionel Messi heute noch sehe.«

Der Erzengel Gabriel erscheint einem berühmten Fußballspieler und sagt: »Ich habe eine gute und eine schlechte Nachricht für dich. Zuerst die gute: Du bist auserwählt, nach deinem Ableben in der himmlischen Fußballmannschaft zu spielen.«

»Und die schlechte?«, fragt der Fußballspieler.

»Dein erstes Spiel ist schon am nächsten Wochenende!«

Warum laufen manche Spieler nach der Halbzeitpause noch langsamer als vorher?

Weil der Trainer sie zur Schnecke gemacht hat.

Der Polizist bei der Verkehrskontrolle: »Sie haben also Ihren Führerschein vergessen. Wie heißen Sie denn?«

»Franz Beckenbauer.«

»Machen Sie keine Witze. Ihren richtigen Namen, bitte!«

»Johann Wolfgang von Goethe.«

»Na also, geht doch.«

Treffen sich zwei alte Fußballtrainer. Meint der eine: »Also, meine Frau ist ein wahrer Engel.«

Darauf der andere: »Hast du ein Glück. Meine lebt noch.«

Was ist der Unterschied zwischen einem Fußgänger und einem Fußballspieler?

Der Fußgänger geht bei Grün, der Fußballspieler bei Rot.

Nach dem verlorenen Spiel meint der erfolglose Stürmer: »Das war alles die Schuld des Schiedsrichters. Wenn ich ihn das nächste Mal sehe, werde ich ihm in den Hintern treten!«
Darauf sein Trainer: »Lass das mal lieber. Den triffst du ja doch nicht.«

»Haben Sie drei Sekunden Zeit?«, fragt ein Zuschauer den Schiedsrichter nach Spielschluss. Dieser nickt. »Dann erzählen Sie mal alles, was Sie über Fußball wissen!«

Nach dem Fußballspiel sagt Arne erleichtert zu seinem Freund: »Endlich mal gewonnen!«
»Wieso gewonnen? Wir haben doch 0:12 verloren!«
»Aber die Seitenwahl, die haben wir immerhin gewonnen!«

Kevin und Kai-Uwe schauen sich ein Fußballspiel im Fernsehen an. Meint Kevin: »Das Spiel ist ja ganz gut. Leider fehlen noch die Tore.«
Darauf Kai-Uwe: »Wieso? Da stehen doch zwei.«

Der Trainer nimmt den Fußballstar zur Seite: »Du bist doch ein Vorbild für die Jugend. Kannst du denn nicht auf Alkohol und Zigaretten verzichten?«
»Muss das wirklich sein, Trainer?«
»Ja, zumindest während der Halbzeitpause!«

Fragt ein Sportreporter den Trainer: »Und was empfinden Sie, wenn Ihre Mannschaft gewinnt?«
»Das kann ich Ihnen leider nicht sagen. Ich bin erst seit zwei Jahren bei diesem Verein.«

Was haben der Weinkeller eines Drei-Sterne-Restaurants und Real Madrid gemeinsam?

Jede ihrer Flaschen hat ein Vermögen gekostet.

Der Fußballstar zum Manager seines Vereins: »Ich brauche unbedingt eine Gehaltserhöhung. Meine Frau ist nämlich sehr krank.«
»Oh, das tut mir leid. Was hat Sie denn?«
»Sie hat eine schlimme Stoffwechselkrankheit. Sie braucht jede Woche ein neues Kleidungsstück!«

Der Trainer ist verzweifelt. Sein bester Spieler ist schon wieder erkältet. Meint der Mannschaftsarzt: »Kein Wunder, wenn er immer im Sturm spielt!«

Dirk fragt seinen Mannschaftskameraden: »Na, was hast du in der Sommerpause gemacht?«
»Ich war am Strand und hab's mal mit Wellenreiten probiert. Aber meinst du, ich hätte den Gaul ins Wasser bekommen?«

Der Torwart zu seinem Trainer:
»Ich habe eine Idee, wie wir unser Spiel verbessern können.«
»Ach«, sagt der Trainer, »du willst den Verein wechseln?«

Birgit zu ihrer Mutter: »Unser Trainer hatte heute mal wieder echt schlechte Laune.«
»Hatte er denn schon mal bessere Laune?«
»Keine Ahnung, er ist ja erst seit zwei Jahren bei unserem Verein.«

»Wie ist das Fußballspiel denn ausgegangen?«
»Null zu null.«
»So? Und wie stand es in der Halbzeit?«

Was macht der Holländer, nachdem er die WM gewonnen hat?

Er schaltet die Playstation aus.

IMMER WENN ICH IM FERNSEHEN HANNOVER 96 SEHE, VERLIEREN SIE.

MACH DIR NICHTS DRAUS. IM RADIO SPIELEN SIE AUCH NICHT BESSER!

Die Spielerfrau zu ihrem Mann: »Du hast doch immer bloß Fußball im Kopf! Wahrscheinlich weißt du nicht mal mehr, wann wir geheiratet haben.«
»Doch, das weiß ich noch ganz genau. Das war an dem Tag, als unsere Nationalmannschaft 2:0 gegen England gewonnen hat!«

Nach dem Spiel fragt der Torwart seinen Trainer:
»Und, wie war ich?«
»Letztes Wochenende warst du besser.«
»Aber da habe ich doch gar nicht gespielt.«
»Eben.«

Warum baut man keine Fußballstadien im Weltraum?

Weil es da keine Atmosphäre gibt.

Ein deutscher Fußballstar geht in ein amerikanisches Restaurant. Er zeigt auf ein Gericht auf der Karte und sagt: »Einmal Hühnchen, bitte.«
Fragt die Bedienung: »Chicken?«
»Nein, zum Hieressen!«

Der erfolglose Stürmer humpelt vom Fußballplatz. Sein Trainer fragt besorgt: »Hast du dich verletzt?«
»Nein, mein Bein ist nur eingeschlafen!«

Kommt ein Trainer in eine Buchhandlung und fragt: »Haben Sie das Buch ›Fußballmeister in vier Wochen‹?«
Antwortet die Buchhändlerin: »Fantasy steht im ersten Stock.«

Herr Schmidt nimmt seinen jüngsten Sohn mit zu einem Fußballspiel. Damit der Kleine besser sehen kann, setzt er ihn auf seine Schultern. »Tor, Tor!«, ruft der Kleine, als ein Tor gefallen ist. Einige Zeit später macht Herr Schmidt ein gequältes Gesicht. Der Mann neben ihm fragt ihn: »Warum machen Sie denn so ein Gesicht? Unsere Mannschaft führt doch!«
»Ach, ›Tor, Tor!‹ schreien kann mein Kleiner, aber ›Pipi‹ sagen, das kann er nicht!«

Sagt der Torwart zum Dribbelkönig: »Mensch, du hast aber krumme Beine. Da kann ja bequem ein Ferkel durchlaufen!«
»Dann versuch's doch mal!«

»Schade, dass es gerade so wenig Fußball im Fernsehen gibt.«
»Ach, bei dem schönen Wetter können die doch auch draußen spielen!«

Was heißt Elfmeter auf Niederländisch?

Voorbeij.

Ein Leverkusen-Fan findet einen Flaschengeist. Sagt der Geist: »Weil du mich befreit hast, hast du einen Wunsch frei.«
Der Leverkusen-Fan holt eine Weltkarte aus seiner Tasche und sagt: »Ich wünsche mir Frieden hier und hier und hier, oder noch besser: Frieden auf der ganzen Welt!«
Darauf der Flaschengeist: »Tut mir leid, aber das ist zu schwierig für mich. Hast du vielleicht noch einen anderen Wunsch?«
»Dann wünsche ich mir, dass Leverkusen Meister wird!«
Der Flaschengeist überlegt kurz und meint dann: »Kann ich die Weltkarte noch mal sehen?«

Der Trainer der Schotten nach einem gewonnenen Spiel: »Super Leistung, Jungs! Dafür habt ihr euch eine Erfrischung verdient. Stuart, mach das Fenster auf!«

Der erfolglose Mittelstürmer steht im Himmel vor Petrus. Sagt Petrus: »Du hier? Wie hast du denn das Tor gefunden?«

Der Fußballstar rast mit seinem neuen Sportwagen durch die Stadt. Hält ihn die Polizei an und der Polizist fragt: »Haben Sie denn das Schild mit der Geschwindigkeitsbegrenzung nicht gesehen?«
Darauf der Fußballstar: »Lesen? Bei dem Tempo?«

Mit welchem Ball kann man nicht spielen?

Mit dem Erdball.

Ein Fußballer wird an der Grenze angehalten.
Sagt der Grenzbeamte: »Zeigen Sie mir doch bitte mal Ihren Pass.«
Darauf der Fußballer: »Kein Problem. Wo ist der Ball?«

HÖR ENDLICH AUF, MICH ZU VERFOLGEN!

In das Krankenzimmer des Schiedsrichters wird ein zweites Bett geschoben. Der neue Patient stellt sich vor: »Gestatten: Meyer, Dachdecker, Arbeitsunfall.«
Darauf der Schiedsrichter: »Freut mich – Müller, Schiedsrichter, Elfmeter gepfiffen.«

Wen hast du gern und trittst ihn doch?

Den Ball.

Der Fußballer klagt beim Arzt: »Herr Doktor, ständig wird mir gelb und rot vor Augen. Was soll ich nur machen?«
Darauf der Arzt: »Am besten, Sie wechseln den Schiedsrichter.«

Mit welcher Farbe werden Fußbälle lackiert?

Mit Ballack.

Kommt ein Dortmund-Fan in eine Kneipe und fragt: »Wer will einen Schalke-Witz hören?« Dreht sich am Tresen ein Typ um und sagt: »Ich bin Berufsboxer im Schwergewicht und Schalke-Fan. Mein Kumpel hier ist Türsteher und auch Schalke-Fan. Und sein Kumpel ist Bodyguard und ebenfalls Schalke-Fan. Willst du uns immer noch deinen Witz erzählen?«
Sagt der Dortmund-Fan: »Ach, nee. Dann lieber nicht. Ich will ihn ja nicht dreimal erklären müssen!«

Der Fußballprofi zu seiner Frau: »Ich bin mir sicher, dass unser Sohn seine Intelligenz von mir hat.«
Darauf seine Frau: »Von wem auch sonst? Ich habe meine ja noch!«

Meint der Vater zu seinem fußballbegeisterten Sohn: »Du musst auf jeden Fall einen vernünftigen Beruf erlernen. Was glaubst du denn, was ein Fußballer macht, wenn er älter ist, nicht mehr so schnell laufen kann und immer wieder Fehler macht?«
Darauf der Sohn: »Ist doch klar. Er wird Schiedsrichter!«

Die Spielerfrau zu ihrem Mann: »Du magst Fußball viel lieber als mich!«
Darauf ihr Mann: »Kann schon sein. Dafür mag ich dich viel lieber als Eiskunstlauf.«

Fritz nach einem Fußballspiel zu seinem Mitspieler: »So schlecht wie heute habe ich noch nie gespielt!«
Darauf sein Mitspieler: »Wie? Du hast schon mal gespielt?«

»Ich hab gehört, dass der Papst zum nächsten Spiel der deutschen Nationalmannschaft kommt.«
»Ach ja? Wieso denn das?«
»Er fährt eben immer da hin, wo Not und Elend am größten sind.«

Was sind elf Nationalspieler hintereinander?

Ein Flaschenzug.

Sagt das Kind zu seiner Mutter:
»Ich hab heute zwei Tore geschossen.«
Fragt die Mutter:
»Und wie ist das Spiel ausgegangen?«
Antwortet das Kind: »1:1«

Warum kippt das Tor um, wenn sich der Nationaltorhüter dagegenlehnt?

Weil der Klügere immer nachgibt.

Der Sohn des Fußballstars kommt am Tag der Zeugnisvergabe nach Hause. Fragt ihn sein Vater: »Und, wie sieht dein Zeugnis aus?«
Darauf der Sohn: »Alles super. Mein Vertrag mit der dritten Klasse wurde um ein Jahr verlängert.«

Sagt der Trainer zu seinem Spieler: »Du spielst doch gerne Fußball, oder?«
»Ja.«
»Und warum lernst du es dann nicht endlich?«

Fragt ein Fußballer seinen Augenarzt:
»Glauben Sie, dass meine Kurzsichtigkeit meine Karriere gefährden könnte?«
»Aber nicht doch. Sie können ja immer noch Schiedsrichter werden.«.

Nach dem Abstieg kommt der Vereinspräsident in die Kabine und poltert: »Ihr Versager! Ich werde die ganze Mannschaft verkaufen, selbst wenn ich nur 2,75 Euro für euch bekomme!«
Fragt der Kapitän: »Wieso nur 2,75 Euro?«
Sagt der Präsident: »25 Cent Flaschenpfand für jeden!«

Zwei Fußballprofis vor der Abreise zu einem Champions-League-Spiel. Sagt der eine: »Nimmst du auch deinen Fernseher mit nach Madrid?«
»Fernseher? Wieso denn das?«
»Na, ich versteh doch kein Spanisch.«

Warum spielt der Torwart plötzlich barfuß?

Er hat seiner Frau versprochen die Fußballschuhe an den Nagel zu hängen.

Beim Duschen nach dem Spiel.
»Was machst du denn da?«
»Ich wasche mir die Haare.«
»Aber das Wasser läuft doch gar nicht!«
»Auf der Flasche steht ja auch ›für trockenes Haar‹.«

In der Mathestunde schreibt der Lehrer an die Tafel und fragt: »2 : 2. Wer kann mir sagen, was das ist?«
Meldet sich Lukas: »Dat iss doch wohl klar. Unentschieden!«

Luca und seine Mutter schauen sich alte Fotoalben an.

Meint Luca: »Du, Mama, wer ist denn der Typ im Fußballtrikot mit den langen Haaren, der vor der Villa neben dem Sportwagen steht?«

»Das ist dein Vater, als er noch Profi war.«

»Was?! Und wer ist dann der Dicke mit der Glatze, der bei uns wohnt und beim FC als Platzwart arbeitet?«

Wie groß ist der optimale Schiedsrichter?

21 Zentimeter und damit immer auf Ballhöhe!

Beim ersten Training nach der
Sommerpause.
»Wie war denn dein Urlaub?«
»Mies. Die ganze Zeit Regen.«
»Aber du bist doch so schön braun!«
»Das ist Rost.«

Fragt die Spielerfrau ihren Mann: »Schatz, wie war
denn das Essen im Trainingslager?«
»Wir haben uns drum geprügelt.«
»Dann muss es ja wirklich gut gewesen sein.«
»Nein, wer verloren hat, musste es essen.«

Im Stadion geht der Würstchenverkäufer
durch die Reihen und ruft: »Heiße Würstchen!
Heiße Würstchen!«
Sagt ein Fan: »Wie du heißt, interessiert mich nicht.
Ich will Bier!«

Was ist der Unterschied zwischen
einem Marienkäfer und Hertha BSC?

Der Marienkäfer hat mehr Punkte.

Treffen sich zwei Fußballprofis. Sagt der eine: »Wusstest du,
dass der Mensch nur ein Drittel seines Gehirns nutzt?«
»Tatsächlich? Und was passiert mit dem anderen Drittel?«

MAILAND ODER MADRID —
HAUPTSACHE ITALIEN!

»Keiner verliert ungern.«
Michael Ballack

»Bei so einem Spiel muss man die Hosen runterlassen und sein wahres Gesicht zeigen.«
Alexander Strehmel

»Die Schalker machen Picknick in Bremen und wir kämpfen um unsere Existenz. Die Dortmunder haben nicht mal gegrätscht. Für mich ist das alles Mafia.«
Andreas Brehme

»Man lernt im Leben immer nicht nur aus der Vergangenheit, sondern auch in der Zukunft hinzu.«
Lothar Matthäus

»Das sind Gefühle, wo man schwer beschreiben kann.«
Jürgen Klinsmann

»Man darf das Spiel doch nicht so schlechtreden, wie es wirklich war.«
Olaf Thon

»Da wir so viele Verletzte hatten, konnte der Trainer zum Schluss nur noch zwischen dem Busfahrer und mir auswählen. Der Busfahrer hatte jedoch keine Turnschuhe dabei, so dass ich dann ins Spiel gekommen bin.«
Jan Åge Fjørtoft

»Im Großen und Ganzen war es ein Spiel, das, wenn es anders läuft, auch anders hätte ausgehen können.«
Eike Immel

»Da herrschte plötzlich circa 15 bis 20 Minuten lang Konfusität im eigenen Strafraum.«
Dirk Lottner

»Für uns war die Trainerfrage nie eine Trainerfrage.«
Roland Schmider

»Ich habe viel von meinem Geld für Alkohol, Weiber und schnelle Autos ausgegeben. Den Rest habe ich einfach verprasst.«

George Best

»Mailand oder Madrid – Hauptsache Italien!«

Andreas Möller

»Wir sind hierhergefahren und haben gesagt: Okay, wenn wir verlieren, fahren wir wieder nach Hause.«

Marko Rehmer

»Es war ein wunderschöner Augenblick, als der Bundestrainer sagte: ›Komm, Steffen, zieh deine Sachen aus, jetzt geht's los.‹«

Steffen Freund

»Das ist Schnee von morgen.«

Jens Jeremies

»Wir können so was nicht trainieren,
sondern nur üben.«
Michael Ballack

»Der Jürgen Klinsmann und ich sind schon ein tolles Trio ...
äh, Quartett.«
Fritz Walter jun.

»Das habe ich ihm dann auch verbal gesagt.«
Mario Basler

»Ich sage nur ein Wort: Vielen Dank!«
Horst Hrubesch

»Alles andere als die Nicht-Meisterschaft
wäre ja eine Katastrophe gewesen.«
Thomas Strunz

»Im ersten Moment war ich nicht nur glücklich
ein Tor geschossen zu haben, sondern auch,
dass der Ball reinging.«

Mario Basler

»Als die Zuschauer mir den Mittelfinger gezeigt haben,
wusste ich: Es ist wie immer.«

Christian Wörns

»Ich bleibe auf jeden Fall wahrscheinlich beim KSC.«

Sean Dundee

»Ich mache nie Voraussagen und
werde das auch niemals tun!«

Paul Gascoigne

»Ich hab gleich gemerkt, das ist ein Druckschmerz,
wenn man draufdrückt.«

Lothar Matthäus

»Also, bei mir geht das mit dem linken Fuß genauer und mit dem rechten fester. Auf die Torwand schieße ich mit dem rechten.«

Andreas Brehme im »Sportstudio« auf die Frage, mit welchem Fuß er schießt

»Das Tor gehört zu siebzig Prozent mir und zu vierzig Prozent dem Wilmots.«

Ingo Anderbrügge

»Mein Problem ist, dass ich immer sehr selbstkritisch bin, auch mir selbst gegenüber.«

Andreas Möller

»Wir lassen uns nicht nervös machen und das geben wir auch nicht zu!«

Olaf Thon

»Eine Minute nach Spielende habe ich noch nicht die Intelligenz, um das Spiel zu beurteilen.«

Jens Lehmann

»Ich habe mit Erich Ribbeck telefoniert und er hat zu mir gesagt, ich stehe für die Maltareise nicht zur Verfügung.«

Andreas Möller

»Vor Kriegen und Oliver Kahn.«

Mehmet Scholl auf die Frage, wovor er Angst hat

»Das muss man verstehen, dass er Schwierigkeiten hat, sich einzugewöhnen. Er ist die deutsche Sprache noch nicht mächtig.«
Jürgen Wegmann

»Dann kam das Elfmeterschießen. Wir hatten alle die Hosen voll, aber bei mir lief's ganz flüssig.«
Paul Breitner

»An die fünf lebenswichtigen Bausteine in Nutella.«
Horst Heldt auf die Frage, woran er glaube

»Man darf über ihn jetzt nicht das Knie brechen.«
Rudi Völler über Toni Schumacher

»Schiedsrichter kommt für mich nicht in Frage, schon eher etwas, das mit Fußball zu tun hat.«
Lothar Matthäus über seine Zukunftspläne

»Das wird alles von den Medien hochsterilisiert.«
Bruno Labbadia

»Ich mache immer das, was mir gesagt wird.
Das habe ich im Osten gelernt.«
Jens Jeremies

»In der ersten Halbzeit haben wir ganz gut gespielt,
in der zweiten fehlte uns die Kontinu..., äh,
Kontuni..., ach, Scheißfremdwörter! Wir waren
nicht beständig genug.«
Pierre Littbarski

»Der ist mit allen Abwassern gewaschen.«
Norbert Dickel

»In der Schule gab's für mich Höhen und Tiefen.
Die Höhen waren der Fußball.«
Thomas Häßler

»Die ersten neunzig Minuten sind die schwersten.«
Bobby Robson

»Ich hatte noch nie Streit mit meiner Frau.
Bis auf das eine Mal, als sie mit aufs
Hochzeitsfoto wollte.«
Mehmet Scholl

»Ich habe nie an unserer Chancenlosigkeit gezweifelt.«
Richard Golz

»Ja, der FC Tirol hat eine Obduktion auf mich.«
Peter Pacult

»Die Sanitäter haben mir sofort eine Invasion gelegt.«
Fritz Walter jun.

»Für mich gibt es nur Entweder-Oder.
Also entweder voll oder ganz!«

Toni Polster

»Ein Drittel? Nee, ich will mindestens
ein Viertel!«

Horst Szymaniak

»Wenn man auf meinen Grabstein eines Tages
nur ›Hamburg 74‹ schreibt, weiß jeder,
wer da drunterliegt.«

Jürgen Sparwasser

»Man soll auch die anderen Mannschaften
nicht unter dem Teppich kehren lassen.«

Olaf Thon

»Wir dürfen jetzt nur nicht den Sand
in den Kopf stecken!«

Lothar Matthäus

Der Schiri zeigt Wille ›Ente‹ Lippens die gelbe Karte
und sagt: »Ich verwarne Ihnen!«
Darauf Willi ›Ente‹ Lippens: »Ich danke Sie.«
Schiri zeigt rot.

»Jetzt sieht er aus wie ein frisch
lackierter Totalschaden.«
*Mario Basler über den frisch geschorenen
Glatzkopf Christian Ziege*

»Ich habe immer gesagt, dass ich niemals nach
Österreich wechseln würde.«
*Jürgen Wegmann auf die Frage, ob er zum
FC Basel wechselt*

»Das hätte in der Türkei passieren dürfen,
aber nicht in der zivilisierten Welt.«
Toni Schumacher

»Fußball ist ein Spiel von 22 Leuten, die umherlaufen, den Ball
spielen, und einem Schiedsrichter, der eine Reihe dummer Fehler
macht, und am Ende gewinnt immer Deutschland.«
Gary Lineker

»Es war sehr schmerzvoll,
aber ich habe kaum etwas gespürt.«

Miroslav Klose

»Einige haben von einem recht guten Spiel
gesprochen. Da frage ich mich, ob ich zum
Augen- oder zum Ohrenarzt muss.«

Andreas Möller

»Wir haben genügend Potenz
für die Bundesliga.«

Steffen Baumgart

»Es war die Hand Gottes.«

*Diego Maradona auf die Frage,
ob er das Tor gegen England bei der
WM 1986 mit der Hand erzielt habe*

»Man hetzt die Leute auf mit Tatsachen,
die nicht der Wahrheit entsprechen.«

Toni Polster

»Entweder ich gehe links vorbei
oder ich gehe rechts vorbei.«
Ludwig Kögl

»Wenn bei einem Auswärtsspiel
keiner ruft: ›Kirsten, du Arschloch‹,
dann weiß ich genau, dass ich
schlecht bin.«
Ulf Kirsten

»Ich fliege irgendwo in den Süden –
vielleicht nach Kanada oder so.«
Mehmet Scholl

»Ich glaube nicht, dass der Verein
mir Steine in den Vertrag legt.«
Thorsten Legat

»Das war nicht ganz unrisikovoll.«
Karl-Heinz Rummenigge

»Ich brauche keinen Butler.
Ich habe eine junge Frau.«
Thomas Doll

»Uns kann keiner mehr schlagen,
außer wir selbst.
Und daran arbeiten wir.«
Zoltan Sebescen

»Wenn der Mann in Schwarz pfeift,
kann der Schiedsrichter auch
nichts mehr machen.«

Andreas Brehme

»Ich habe ihn nur ganz leicht retuschiert.«

Olaf Thon

»Denen wurde anscheinend kalt da draußen.
Da haben sie halt hin und wieder die Fahne gehoben,
damit sie nicht einfrieren!«

Thomas Häßler

»Der Dieter und ich, wir haben
uns überlegt, dass wir von
jetzt an nur noch Foul spielen,
wenn es nötig ist.«

Ján Kocian

»Die Fans müssen wissen,
dass ich kein Clown bin.«
Oliver Kahn

»Die Brisanz dieses Spieles hat man daran
erkannt, dass sich Franz Beckenbauer über
unsere Tore gefreut hat.«
*Mehmet Scholl nach einem Derby der Bayern
gegen die Löwen*

»Jetzt kommt es darauf an, dass wir die entscheidenden
Punkte gegen den Nicht-Abstieg sammeln!«
Roy Präger

»Der Basler, der ist eh doof.«
Andreas Möller

»Alex Ferguson ist der beste Trainer, den ich in dieser Liga
je gehabt habe. Hm, er ist bisher mein einziger Trainer in
dieser Liga. Aber er ist der beste Trainer, den ich je hatte.«
David Beckham

»Ich halte nichts von Sex vor dem Spiel,
besonders weil ich mir das Zimmer mit Salou teile.«
Jan Åge Fjørtoft

»Es ist mir völlig egal, was es wird.
Hauptsache, er ist gesund.«
Mehmet Scholl als werdender Vater

»Da muss dann auch mal einer die Hand
ins Heft nehmen.«
Thomas Helmer

»Ihr seid nämlich auch die,
die den Pokal gehören!«
Uli Borowka zu den Fans nach einem Pokalsieg

»Das Chancenplus war ausgeglichen.«
Lothar Matthäus

»Ich kann nicht mehr als schießen.
Außerdem standen da vierzig Leute auf der Linie.«
Toni Polster über eine vergebene Torchance

»Vor lauter Philosophieren über Schopenhauer
kommen wir gar nicht mehr zum Trainieren.«
*Richard Golz auf die Frage, was beim sogenannten
Studentenklub SC Freiburg anders sei*

»Zwei Chancen, ein Tor – das nenne ich
hundertprozentige Chancenauswertung.«
Roland Wohlfahrt

»Eigentlich bin ich ein Supertyp.
Aber ich kann wohl auch ein
richtiger Arsch sein!«
Mario Basler

»Haste Scheiße am Fuß,
haste Scheiße am Fuß!«
Andreas Brehme

»Die Eintracht ist
vom Pech begünstigt.«
Karl-Heinz Körbel

»Wir lassen uns beide von unseren Frauen scheiden und ziehen zusammen.«
Toni Polster über sein verbessertes Verhältnis zu Trainer Peter Neururer

»Das nächste Spiel ist immer das nächste.«
Matthias Sammer

»Ein ordentlicher Spieler. Nur an der Schnelligkeit mangelt es noch.«
Bastian Schweinsteiger ironisch über seinen neuen Teamkollegen Arjen Robben

»Herzlichen Glückwunsch an Marco Kurz. Seine Frau ist zum zweiten Mal Vater geworden.«
Thomas Häßler

»Wenn ich am Ende vorn stehe, können mich die Leute auch Arschloch nennen. Das ist mir egal.«
Matthias Sammer über seinen Spitznamen »Motzki«

»Zum Wohle der Mannschaft kann ich nicht nur machen,
was der Trainer will.«
Giovane Elber

»Das interessiert mich wie eine geplatzte Currywurst
im ostfriesischen Wattenmeer.«
Dieter Eilts

»Es ist ein Sehnenabriss am Schambeinknochen.
Hört sich lustig an – ist aber trotzdem beim
Fußball passiert.«
Thomas Strunz

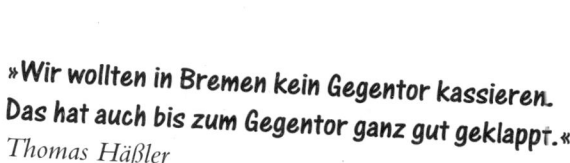

»Es ist wichtig, dass man neunzig Minuten
mit voller Konzentration an das nächste
Spiel denkt.«
Lothar Matthäus

»Wir wollten in Bremen kein Gegentor kassieren.
Das hat auch bis zum Gegentor ganz gut geklappt.«
Thomas Häßler

»Ich hatte vom Feeling her ein gutes Gefühl.«
Andreas Möller

»Da krieg ich so den Ball und
das ist ja immer mein Problem.«
Gerald Asamoah

»Ich kriege viel, aber ich habe auch eine
große Familie. Zwei Frauen und vier Kinder
müssen ernährt werden.«
Rudi Völler

»Das Schönste an Stuttgart ist
die Autobahn nach München.«
Thomas Strunz

»Ein Lothar Matthäus lässt sich nicht von seinem Körper
besiegen, ein Lothar Matthäus entscheidet selbst
über sein Schicksal.«
Lothar Matthäus

»Ich hab 'ne Oberschenkelzerrung im linken Fuß.«
Guido Buchwald

»Ich weiß auch nicht, wo bei uns der Wurm hängt.«
Fabrizio Hayer

»Die Situation ist aussichtslos,
aber nicht kritisch.«
Stefan Effenberg

»Wir haben nicht mit der notwendigen
fairen Brutalität gespielt.«
Christian Beeck

»Heute hätten wir keinen Hering vom Teller gezogen.«
Frank Rost

»Das wird alles hochkristallisiert.«
René Adler

»Soll ich etwa ein Lagerfeuer im Wohnzimmer machen?«
Anthony Yeboah zu der Behauptung,
er wohne wie ein deutscher Musterbürger

»Mann, wir Schwatten müssen doch zusammenhalten!«
Anthony Baffoe zum Schiedsrichter,
nachdem er die Gelbe Karte bekommen hat

»Du kannst auf meiner Plantage arbeiten.«
Anthony Baffoe zu einem weißen Gegenspieler

»Zieht den Schweden die Schrauben aus dem Schrank!«
Fangesang beim WM-Spiel Deutschland – Schweden

»Manni Bananenflanke,
ich Kopf,
Tor!«
Horst Hrubesch

»Nur gucken. Nicht anfassen.«
*BVB-Fans zeigen gegen Schalke
die Meisterschale mit dem
passenden Spruch*

»Wenn du so gerne das Fähnchen schwenkst,
dann such dir doch 'nen Job am Flughafen.«
Erik Meijer zum Linienrichter

»Das war kein Zuckerbissen für die Fans.«
Mario Gómez

»Dass die Trainer manchmal ihrer Anspannung
freien Lauf lassen, ist doch ganz normal.
Die können ja keinen umhauen wie wir.«
Michael Ballack

»Wenn man eine neue Freundin hat, klappt auch nicht immer gleich alles perfekt.«

Bastian Schweinsteiger über die Eingewöhnungszeit zwischen der Mannschaft und Trainer Louis van Gaal

»Bedanken möchten wir uns auch bei den Fans, auf denen wir uns immer verlassen konnten.«

Andreas Brehme

»Wir haben uns einen mächtigen Skalp geholt.«

Christian Grindheim

»Die Engländer brauchen Regen, wenn sie Weltmeister werden wollen.«

Roque Santa Cruz

»Ich bin körperlich und physisch topfit.«

Thomas Häßler

»Wenn man zu früh auf andere schaut, vergisst man das Wesentliche aus den Augen zu verlieren.«
Jens Nowotny

»Ich werde sicher nebenbei studieren, damit ich nicht komplett verblöde.«
Alessandro Riedle

»Man muss die Probleme an den Kopf packen.«
Steffan Effenberg

»Für Streicheleinheiten müssen wir uns eine Katze kaufen.«
Miroslav Klose auf die Frage, ob Lukas Podolski beim FC Bayern eine größere Fürsorge des Klubs benötige

»Ich werde dem Schiedsrichter meinen Optiker empfehlen.«
Jürgen Kohler

»Ein Lothar Matthäus spricht kein Französisch.«
Lothar Matthäus

»Ich bin giftiger als die giftigste Kobra.«
Jürgen Wegmann

»Spätzle? Hab ich noch nicht probiert.
Aber im Allgemeinen mag ich Geflügel.«
Thorsten Legat über die schwäbische Küche

»Wir haben heute in Adrenalin gebadet.«
Oliver Kahn

»Wer mehr Tore schießt, gewinnt.
Das ist brutal und kriminell.«
Jeff Strasser

»Die schönsten Tore sind diejenigen,
bei denen der Ball schön flach oben reingeht.«
Mehmet Scholl

»Zur Schiedsrichterleistung will ich gar nichts sagen,
aber das war eine Frechheit, was da gepfiffen wurde!«
Stefan Reuter

»Ich freue mich für mich.«
Edmond Kapllani

»Ich wollte den Ball treffen,
aber der Ball war nicht da.«
Anthony Yeboah

»Es ist nicht immer alles wahr,
was stimmt.«
Stefan Wessels

»Mein Name ist Finken und du wirst gleich hinken.«
Herbert Finken zu seinem Gegenspieler

»Ich habe nur immer meinen Finger in Wunden gelegt,
die sonst unter den Tisch gekehrt worden wären.«
Paul Breitner

»Ich bin von allen deutschen Nationalspielern
bisher am schwärzesten.«
Gerald Asamoah

»Ich bin an der Grenze aufgewachsen.
Gegen Österreicher verliert man ungern.«
Bastian Schweinsteiger

»Was meine Frisur betrifft,
da bin ich Realist.«
Rudi Völler

»Wir brauchen Eier!«
Oliver Kahn

»Das ist eine Deprimierung.«
Andreas Möller

»Ich lese keine Bücher.«
Klaus Fischer

»Wenn man was im Kopf hätte,
wäre man schließlich kein Fußballer geworden.«
René Rydlewicz

»Bremen war ein Albtraum. Es muss die kälteste
Stadt auf dieser Erde sein. Ich habe immer gefroren,
ich habe niemanden verstanden und mir ging
es schlecht.«
Júnior Baiano

»We have to fight weiter.«
Jonas Kamper

»18 Mannschaften wollen deutscher Meister werden.
Und am Ende feiern immer die Bayern.«
Stefan Effenberg

»Es ist einfacher, Tore zu schießen,
als den deutschen Führerschein zu machen.«
Aílton

»Das Unmögliche möglich zu machen wird ein Ding
der Unmöglichkeit.«
Andreas Brehme

»Ihr könnt euch da ja mal hinstellen, und wenn dann Ribéry mit
180 Stundenkilometern an einem vorbeigelaufen kommt,
gibt's wenige, die den stoppen können.«
Manuel Friedrich

»Ich möchte den Verein nie verlassen. Ich möchte bis
zu meinem Lebensende hier bleiben und am liebsten
noch darüber hinaus.«
Alan Shearer

»Ich werde mir Mühe geben und ab jetzt versuchen
nur noch sympathisch zu grätschen.«
Jeff Strasser

»Am besten grätschen wir die Brasilianer
schon bei der Hymne weg.«
Torsten Frings

»Es ist schon verrückt,
was der Fußball aus mir macht.«
Oliver Kahn

»Gib mich die Kirsche!«
Lothar Emmerich

»Der springt so hoch –
wenn der wieder runterkommt,
liegt auf seiner Glatze Schnee.«
*Norbert Nachtweih über
Dieter Hoeneß*

»Früher war ich ein großer Fan von Mönchengladbach.
Doch da hatte ich noch keine Ahnung vom Fußball.«
Marco Reich

DiE WAHRHEiT LiEGT AUF DEM PLATZ

»Der Tabellenerste kann jederzeit
den Spitzenreiter schlagen.«
Berti Vogts

»Das nächste Spiel ist das schwerste Spiel.«
Sepp Herberger

»Wir müssen gewinnen, alles andere ist primär!«
Hans Krankl

»Ja gut, am Ergebnis wird sich nicht mehr viel ändern,
es sei denn, es schießt einer ein Tor.«
Franz Beckenbauer

»In der Schlussphase war der Pfosten
der Einzige, auf den wir uns hundertprozentig
verlassen konnten.«
Christoph Daum

»Vom Willen her hat die Mannschaft schon gewollt.«
Eduard Geyer

»In einem Jahr hab ich mal 15 Monate durchgespielt.«
Franz Beckenbauer

»Franz ist wie Marlene Dietrich.
Ein alternder Star, den man nach
wie vor bewundern muss.«
Otto Rehhagel

»Eine Straßenbahn hat mehr Anhänger als Uerdingen.«
Max Merkel

»Ohne Schiedsrichter wäre es in Ordnung gewesen,
aber mit Schiedsrichter ist es zu wenig.«
Felix Magath

»In jedem Kader gibt es fünf richtig blöde Spieler.
Von denen würde einer auf jeden Fall unter der Brücke
landen, wenn er nicht Fußball spielen würde.«
Hans Meyer

»Ja gut, es gibt nur eine Möglichkeit:
Sieg, Unentschieden oder Niederlage!«
Franz Beckenbauer

»Die Hitze kann für die deutschen Spieler sogar
von Vorteil sein. An einem Urlaubsort sieht man in der
Mittagshitze auch immer nur Deutsche draußen, also
kommen wir mit der Temperatur sogar besser zurecht.«
Erich Ribbeck

»Ich denke, wenn die Geschichte sich wiederholt,
können wir noch mal das Gleiche erwarten.«
Terry Venables

»Ich habe zwei verschiedene Halbzeiten gesehen.«
Volker Finke

»Sie spielen taktisch gut,
obwohl sie ohne Taktik spielen.«

Udo Lattek

»Ottmar Hitzfeld ist noch nie auf die Tribüne verbannt
worden, ich auch nicht. Aber bei mir wird es sicher
nicht mehr lange dauern.«

Matthias Sammer

»Die Kroaten sollen ja auf alles treten, was sich bewegt –
da hat unser Mittelfeld ja nichts zu befürchten.«

Berti Vogts

»Wir müssen jetzt mit dem Boden
auf den Füßen bleiben.«

Jürgen Röber

»Die Situation ist bedrohlich, aber nicht bedenklich.«

Friedhelm Funkel

»Der Ball ist rund. Wäre er eckig,
wäre er ja ein Würfel.«
Gyula Lóránt

»Das Spielfeld war zu lang
für Doppelpässe.«
Berti Vogts

»Im Training habe ich mal die Alkoholiker meiner Mannschaft gegen die Antialkoholiker spielen lassen. Die Alkoholiker gewannen 7:1. Da war's mir wurscht. Da hab i g'sagt: Sauft's weiter.«

Max Merkel

»Ich wage mal eine Prognose: Es könnte so oder so ausgehen.«

Ron Atkinson

»Wir haben ein Abstimmungsproblem – das müssen wir automatisieren.«

Berti Vogts

»Auf Abseits zu spielen ist in Deutschland sehr gefährlich. Die Spieler können das, aber die Linienrichter sind oft nicht dabei.«

Aad de Mos

»Meine Mannschaft ist 15 oder 16 Mal ins Abseits gerannt. Das haben wir auch die ganze Woche geübt.«

Manfred Krafft

»Zu fünfzig Prozent stehen wir im Viertelfinale, aber die halbe Miete ist das noch lange nicht!«
Rudi Völler

»Unser Schiff hat Schlagseite. Es lässt sich nur wieder aufrichten, wenn wir alle auf dieselbe Seite gehen.«
Willi Entenmann

»Wir waren alle vorher überzeugt davon, dass wir das Spiel gewinnen. So war auch das Auftreten meiner Mannschaft, zumindest in den ersten zweieinhalb Minuten.«
Peter Neururer

»Berkant Öktan ist erst siebzehn. Wenn er Glück hat, wird er nächsten Monat achtzehn.«
Franz Beckenbauer

»Das Gegentor fiel zum psychologisch ungünstigsten Zeitpunkt. Aber man muss an dieser Stelle auch einmal die Frage stellen, ob es Gegentore gibt, die zu einem psychologisch günstigen Zeitpunkt fallen.«
Christoph Daum

**»Wir haben die fehlende Cleverness
vermissen lassen.«**
Lorenz-Günther Köstner

»Struuuunz! Was erlauben Struuuunz?!«
Giovanni Trappatoni

**»Damals hat die halbe Nation hinter
dem Fernseher gestanden.«**
*Franz Beckenbauer über das
WM-Finale 1990*

**»Er kam in die Kabine und hat der Mannschaft
mal so richtig die Leviten geblasen.«**
Ottmar Hitzfeld

»Ihr fünf spielt jetzt vier gegen drei.«
Fritz Langer

»Würden wir jede Woche so spielen,
wären unsere Leistungen nicht so schwankend.«
Bryan Robson

»Kompliment an meine Mannschaft und meinen Dank
an die Mediziner. Sie haben Unmenschliches geleistet.«
Berti Vogts

»Ich bin sicher, dass ich in vier oder sechs Wochen
Interviews auf Englisch geben kann, die auch
der Deutsche verstehen wird.«
Lothar Matthäus

»Ich habe fertig!«
Giovanni Trappattoni

»Schach ist für mich neben Fußball der schönste Sport,
weil es auf Grund der Figuren auch ein Mannschaftssport ist.«
Felix Magath

»Die Stimmung ist eigentlich wie vor dem Spiel.
Mit dem kleinen Unterschied, dass wir aus dieser
äußerst großen Minimalchance, minimaler geht's gar
nicht mehr, eine etwas kleinere gemacht haben,
die größer geworden ist.«

Peter Neururer

»Konzepte sind Kokolores.«

Erich Ribbeck

»Die Breite an der Spitze
ist dichter geworden.«

Berti Vogts

»Mark Hughes ist ein typich britischer Chtürmer.
Weder Fich noch Fleich.«

Jupp Heynckes

»Es ist sehr enttäuschend, wenn der Trainer einem
erfahrenen Spieler sagen muss, dass der Gegner
an ihm vorbeiläuft.«

Eduard Geyer

»Ich habe absichtlich falsch ausgewechselt,
damit wir nicht zu hoch gewinnen.«
Aleksandar Ristić

»Schwach wie eine Flasche leer!«
Giovanni Trappattoni

»Wenn wir Deutschen tanzen und nebenan tanzen Brasilianer,
dann sieht das bei uns eben aus wie bei Kühlschränken.«
Berti Vogts

»Fußball ist ein Leidensgeschäft.
Ich bin leidender Angestellter hier in Nürnberg.«
Klaus Augenthaler

»Wer in Bochum von Strafraum zu Strafraum geht und
sich dabei nicht den Knöchel bricht, dem gebe ich einen aus.«
Christoph Daum

»Ich kann es mir als Verantwortlicher für die Mannschaft nicht erlauben, die Dinge subjektiv zu sehen. Grundsätzlich werde ich versuchen zu erkennen, ob die subjektiv geäußerten Meinungen subjektiv sind oder objektiv sind. Wenn sie subjektiv sind, dann werde ich an meinen objektiven festhalten. Wenn sie objektiv sind, werde ich überlegen und vielleicht die objektiven subjektiv geäußerten Meinungen der Spieler mit in meine objektiven einfließen lassen.«

Erich Ribbeck

»Drei Punkte ist besser als in die Hose geschissen.«

Franz Beckenbauer

»Ich lobe viel – aber ich kitzele die Jungs auch unter der Gürtellinie.«

Harry Pleß

»Ich trainiere mehr das Gehirn als die Beine. Das ist schwierig für die Spieler.«

Louis van Gaal

»Die Anspannung wächst, aber das ist gut so.
Denn wenn man mit über fünfzig Jahren morgens
aufwacht und nichts tut weh, dann ist man tot.«
Erich Ribbeck

»Hass gehört nicht ins Stadion.
Solche Gefühle soll man gemeinsam
mit seiner Frau daheim im Wohnzimmer
ausleben.«
Berti Vogts

»Soll ich den Spielern etwa auf die Fresse hauen,
damit die Spannung erhalten bleibt?«

Ewald Lienen

»Fußball ist Ding, Dang, Dong.
Es gibt nicht nur Ding.«

Giovanni Trappattoni

»Er ist 20 und biologisch ist er 16.«

Hans Meyer über das Alter von Marko Marin

»Es ist das Schicksal aller Trainer,
früher oder später mit Tomaten
beworfen zu werden.«

Dino Zoff

»Du sitzt hier locker bequem auf deinem Stuhl,
hast drei Weizenbier getrunken und bist schön locker.«

Rudi Völler zu TV-Reporter Waldemar Hartmann

»Ich habe zu meiner Mannschaft gesagt: Stürmen.
Sie haben wohl Türmen verstanden.«
Aleksandar Ristić

»Ich sehe in der Bundesliga Spieler,
denen springt beim Stoppen der Ball weiter vom Fuß,
als ich ihn jemals schießen könnte.«
Horst Köppel

»Ich will jetzt nicht noch zusätzlich Feuer ins Öl gießen.«
Friedel Rausch

»Am Sonntagnachmittag mal eine Maß zu trinken
tut keinem Spieler weh. Werden daraus zehn,
ist es zumindest diskussionswürdig.«
Felix Magath

»Irgendwelche Fragen, bevor ich gehe und mich aufhänge?«
Bert Papon

»Wenn ich ein paar Spiele verliere,
lassen die Leute an den Blumen,
die sie mir zuwerfen,
plötzlich die Töpfe dran.«
Otto Rehhagel

»Meine Spieler standen heute
neben ihren Füßen.«
Eduard Geyer

»Jeder kann sagen, was ich will.«
Otto Rehhagel

»Ich weiß ja nicht, ob Sie das Spiel schauen
oder währenddessen Karten spielen.«
Felix Magath zu einem TV-Reporter

»Ich habe Sachen gesehen von meinen Spielern,
da muss ich mich fragen, ob sie ihr Double geschickt haben.
Was anderes fällt mir dazu nicht ein.«
Ralf Rangnick

»Bei uns wird auf dem Platz zu wenig gesprochen.
Das könnte an der Kommunikation liegen.«
Erich Ribbeck

»Die Leute gehen zum Fußball, weil sie nicht wissen,
wie es ausgeht.«
Sepp Herberger

»Ich bin ein erfahrener Cowboy,
mir pinkelt keiner in die Satteltasche.«
Otto Rehhagel

»Ja, bis morgen früh um acht.«
*Felix Magath auf die Frage,
ob die Spieler nach dem gewonnenen Spiel
freibekämen*

»Mir ist es egal, ob es ein Brasilianer, Pole,
Kroate, Norddeutscher oder Süddeutscher ist.
Die Leistung entscheidet, nicht irgendeine Blutgruppe.«
Christoph Daum

»Wenn ich einen einfachen Job gewollt hätte, dann wäre
ich in Portugal geblieben – wunderschöne blaue Stühle, den
UEFA-Champions-League-Pokal, Gott und direkt hinter Gott:
ich.«
José Mourinho

»Wenn ich so Fußball gespielt hätte wie Berti Vogts,
so als reiner Wadenbeißer, dann hätte ich mit 18 Jahren
meine Fußballschuhe verbrannt.«
Klaus Toppmöller

»Es ist egal, ob ein Spieler
bei Bayern München spielt
oder sonst wo im Ausland.«
Erich Ribbeck

»Wenn's kalt wird,
legt euch einfach auf den Boden.
Die haben hier 'ne Rasenheizung.«
Ivica Horvat

»Ich habe einen Körper wie ein Gott.
Die Lederhose passt mir und
ich habe auch einen Bauch.«
Louis van Gaal

»Mal verliert man und mal gewinnen die anderen.«
Otto Rehhagel

»Ich hatte schon vorher das Gefühl, dass die Mannschaft noch
nicht reif für die Bundesliga ist. Aber dass einige Spieler
so weich in der Birne sind, hätte ich nicht gedacht.«
Felix Magath

»Wenn ich übers Wasser laufe, dann sagen meine Kritiker,
nicht mal schwimmen kann er.«
Berti Vogts

»Ein Trainer ist nicht ein Idiot. Ein Trainer sehen,
was passieren in Platz.«
Giovanni Trappattoni

»Eine schöne Kombination auf dem Fußballplatz ergibt sich nicht einfach so. Schönheit ist die Abwesenheit von Zufällen.«
Felix Magath

»Gut, in dieser Szene hat er sich debütieren lassen.«
Lorenz-Günther Köstner

»Die Wahrheit liegt auf dem Platz.«
Otto Rehhagel

»Wer hinten steht, hat das Pech der Glücklosen.«
Helmut Schulte

»Ich glaube, er ist DIN A4.«
Dragoslav Stepanović auf die Frage, wie sein neuer Vertrag aussieht

»Wir müssen vor dem Tor einfach cooler sein, einfach heißer.«
Thomas Doll

»Wir spielen am besten, wenn der Gegner nicht da ist.«
Otto Rehhagel

»Das Positive war, dass wir hinten zu null gespielt haben.
Das Negative war, dass wir auch vorne zu null gespielt haben.«
Felix Magath

»Von den Alternativen her haben wir wieder mehr Möglichkeiten.«
Ottmar Hitzfeld

»Was soll ich mit diesem Kugelstoßer?«
Dettmar Cramer, als der junge Gerd Müller zum FC Bayern München kam

»Wir haben nur unsere Stärken trainiert,
deswegen war das Training heute nach 15 Minuten
abgeschlossen.«
Josef Hickersberger

»Der Vorteil von Trainern wie Branko Zebec und Ernst Happel
war ihre kuriose Sprache. Die Spieler mussten sich stark
konzentrieren, um zu verstehen, was sie meinten.
Deshalb kam ihre Botschaft so gut rüber.«
Felix Magath

»Wenn alle Spieler so engagiert wären wie Oliver Kahn,
wäre das gefährlich für die Mannschaft.«
Ottmar Hitzfeld

»Ich brauche Spieler, die am Ball besser sind
als am Mikro.«
Otto Rehhagel

»Ich war fußballerisch noch limitierter
als Jürgen Klinsmann.«
Jürgen Klopp

»Geld schießt keine Tore.«
Otto Rehhagel

»Wir überlegten, jemanden vom Arbeitsamt zu holen,
der den Spielern Alternativberufe zeigt.«
Christoph Daum

»Es hängt alles irgendwo zusammen.
Sie können sich am Hintern ein Haar ausreißen,
dann tränt das Auge.«
Dettmar Cramer

»Die Türken haben gezeigt, dass man, egal bei
welchem Spielstand, immer mit ihnen rechnen kann.
Das macht sie natürlich unberechenbar.«
Jogi Löw

»Die Russen laufen schneller rückwärts
als meine Spieler vorwärts!«
Berti Vogts

»Ich bin immer noch am Überlegen, welche Sportart meine Mannschaft an diesem Abend ausgeübt hat. Fußball war's mit Sicherheit nicht.«
Franz Beckenbauer

»Ich wechsle nur aus,
wenn sich einer ein Bein bricht.«
Werner Lorant

»Die Tabelle, die ja nie lügt, täuscht ja oft.«
Felix Magath

»Aus der Ferne betrachtet ist alles nur
eine Frage der Distanz.«
Klaus Toppmöller

»In Dänemark habe ich nur Eier und Butter geholt,
aber keine Fußballer.«
Max Merkel

»Wenn man ein 0 : 2 kassiert,
dann ist ein 1 : 1 nicht mehr möglich.«
Aleksandar Ristić

»Der sollte von der Innsbrucker Universität
ausgestellt werden. Einen Menschen mit
so wenig Hirn gibt's ja net.«
Max Merkel über Friedl Koncilia

»Ich habe ihn ausgewechselt, weil ich einen
anderen Spieler einwechseln wollte.
Da musste ich einen auswechseln.«
Ewald Lienen

»Wenn wir hier nicht gewinnen, dann treten
wir ihnen wenigstens den Rasen kaputt.«
Rolf Rüssmann

»Was der Rudi Bommer heute mit seinen 800 Jahren
geleistet hat, war schon phänomenal.«
Dragoslav Stepanović

»Mit fünfzig bist du als Fußballtrainer reif für die Klapsmühle. Wenn du genug Geld verdient hast, kannst du wenigstens erster Klasse liegen.«
Otto Rehhagel

»Wie der Afrikaner lebt, so spielt er auch Fußball.«
Berti Vogts

»Das Schlechteste am heutigen Spiel ist, dass ich nichts zu meckern habe.«
Felix Magath

»Wenn im Westfalenstadion der Rasen gemäht wird, stehen hinterher zwanzig Mann zusammen und erzählen, wie es gewesen ist.«
Max Merkel

»Wenn mein Vater da gewesen wäre, hätte sich mein Leben vollkommen anders entwickelt. Viel zielgerichteter.
Dann wäre meine Mutter zu Hause gewesen. Ich hätte vernünftig für die Schule gearbeitet, einen normalen Beruf erlernt und wäre nicht in den Fußball abgedriftet.«
Felix Magath

»Die sollen sich mal nicht so anstellen, bei mir zählen nur glatte Brüche als Verletzungen.«
Otto Rehhagel

»Der Basler spielt wie eine Parkuhr.
Er steht rum und die Bayern stopfen Geld rein.«
Max Merkel

»Ich musste meine Jungs ins kalte Feuer werfen.«
Klaus Toppmöller

»Nur zwanzig Prozent der Spieler halten sich im Urlaub an die Vorgaben des Trainers. Mindestens fünfzig Prozent erholen sich nach dem Motto: Wer sich bewegt, wird erschossen.«
Hans Meyer

DIE SCHWEDEN SIND KEINE HOLLÄNDER

»Nein, liebe Zuschauer, das ist keine Zeitlupe, der läuft wirklich so langsam.«
Werner Hansch

»Da geht er, ein großer Spieler. Ein Mann wie Steffi Graf!«
Jörg Dahlmann über Lothar Matthäus

»Es steht 1:1, genauso gut könnte es umgekehrt stehen.«
Heribert Faßbender

»Die meisten Spiele, die 1:0 ausgingen, wurden gewonnen.«
Günter Netzer

»Die Spieler von Ghana erkennen Sie an den gelben Stutzen.«
Marcel Reif beim Länderspiel Deutschland – Ghana

»Das da vorn, was aussieht
wie eine Klobürste,
ist Valderrama.«
Béla Réthy

»Auch größenmäßig ist es der größte Nachteil,
dass die Torhüter in Japan nicht die Allergrößten sind!«
Claus Lufen

»Was Sie hier auf dem Rasen sehen, kostet viele, viele,
viele Millionen Geld, wenn man diese Spieler kauft.«
Waldemar Hartmann

»Da singen sie: We are red, we are white,
we are Danish Dynamite – Wir sind Rote, wir sind Weiße,
wir sind dänische … äh …«
Heribert Faßbender

»Ich will ja nicht parteiisch sein, aber:
Lauft, meine kleinen Freunde, lauft.«
Marcel Reif

»Schalke 05.«
Carmen Thomas
im ZDF-Sportstudio

**»Portugal spielt heute
mit sechs Ausländern.«**
Béla Réthy

»So etwas gibt es im Fußball nicht.«
Günter Netzer bei der WM 98 auf
die Frage, was passiert, wenn Südkorea
gegen Holland gewinnt

**»Je länger das Spiel dauert,
desto weniger Zeit bleibt.«**
Marcel Reif

**»Wer hinten so offen ist,
kann nicht ganz dicht sein.«**
Werner Hansch

»Für alle Zuschauer, die erst jetzt eingeschaltet haben, das erste Tor ist schon gefallen.«

Günther Jauch beim legendären Spiel Real Madrid – BVB, kurz nachdem das Tor umgekippt ist

»Die Achillesferse von Bobič ist die rechte Schulter.«

Gerd Rubenbauer

»Saarbrücken bezwang Freiburg mit 1:1.«

Klaus Schwarze

»Und wie sieht's in Brasilien aus, dem Mutterland des Fußballs?«

Wolf-Dieter Poschmann

»Die Schotten feiern richtig schön, ohne Ausschreitungen. Die trinken so viel, da können sie gar nicht mehr zuhauen.«

Gerhard Delling

»Die Rudi-Rufe hat es vorher nur für Uwe Seeler gegeben.«
Gerd Rubenbauer

»Wenn man Gelb hat und so reingeht,
kann man nur wichtige Termine haben.«
Johannes B. Kerner

»Rivaldo ist ein Super-Techniker,
oh, äh, das ist ja Cafu!«
Heribert Faßbender

»Und dieser öffnende Pass brachte
wieder 57 Zentimeter Raumgewinn!«
Marcel Reif

»Ich hoffe, dass die deutsche Mannschaft auch
in der zweiten Halbzeit eine runde Leistung zeigt,
das würde die Leistung abrunden.«
Günter Netzer

»Jetzt wechselt Jamaika den Torhüter aus!«

Gerd Rubenbauer, als der FIFA-Beauftragte eine Minute Nachspielzeit anzeigt

»Bayern spielt jetzt im 4-3-1-3-System.«

Marcel Reif

»Die Stadt ist schwarz voller Menschen in Orange.«

Dieter Kürten

»Die Luft, die nie drin war, ist raus aus dem Spiel.«

Gerhard Delling

»Im Mittelfeld gibt es eine Konservation von Spielern.«

Günter Netzer

»Ja, Statistiken. Aber welche Statistik stimmt schon? Nach der Statistik ist jeder vierte Mensch ein Chinese, aber hier spielt gar kein Chinese mit.«

Werner Hansch

»Die Schotten sind meistens eher zu Hause als ihre Postkarten.«

Wilfried Mohren über die WM-Chancen der Schotten

»Auch ohne Matthias Sammer hat die deutsche Mannschaft bewiesen, dass sie in der Lage ist, ihn zu ersetzen.«
Marcel Reif

»Jetzt sind auch die Fans begeistert.
Sie singen ›Oh, wie bist du schön!‹«
Heribert Faßbender

»Kaiserslautern wird mit Sicherheit nicht ins blinde Messer laufen.«
Franz Beckenbauer

»Es ist schon an der Grenze zum Genuss, den Koreanern zuzusehen.«
Johannes B. Kerner

»Einfach mal anrollen.«
Günther Jauch zu Reiner Calmund, der gerade das Studio betrat und durchs Bild laufen musste

»Da haben Spieler auf dem Platz gestanden, gestandene Spieler.«
Günter Netzer

»Und jetzt rufen die Fans wieder: Türkiye, Türkiye. Was so viel heißt wie Türkei, Türkei.«
Heribert Faßbender

»Die Schweden sind keine Holländer – das hat man ganz genau gesehen.«
Franz Beckenbauer

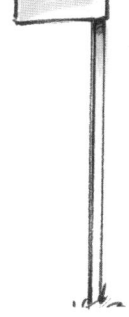

»Wenn man ihn jetzt ins kalte Wasser schmeißt, könnte er sich die Finger verbrennen.«
Gerhard Delling

»Sie sollen nicht glauben, dass sie Brasilianer sind, nur weil sie aus Brasilien kommen.«
Paul Breitner

»Das ist das größte Kompliment, was sich eine Mannschaft zuteilwerden kann.«
Günter Netzer

»Die Viererkette ist nur noch ein Perlchen.«
Johannes B. Kerner

»Tagsüber, wenn die Sonne scheint, ist es hier noch wärmer.«
Heribert Faßbender

»Solche Leute wie den Ratinho oder den Aîlton, die kannst du an der Copacabana im Rudel mit 'nem Lasso einfangen.«
Paul Breitner

»Jeder sollte an irgendetwas glauben. Und wenn es an Fortuna Düsseldorf ist.«
Campino, Sänger der Toten Hosen

»Diesen deutschen Spieler kann kein Mensch aussprechen, ich muss mal auf meine Liste schauen: Shi-wai-nu-shi-tai-gari. Nennen wir ihn einfach ›Das Lachsgesicht mit der Bürste auf dem Kopf‹.«
Kiyoshi Inoue, japanischer TV-Kommentator bei der WM 2006

»Ich drücke Ihnen alles Gute!«
Jörg Wontorra

»Kopfball war für mich immer so etwas Ähnliches wie Handspiel.«
Günter Netzer

»Wenn Sie dieses Spiel atemberaubend finden, dann haben Sie's an den Bronchien.«
Marcel Reif

»Nun ist ›Druck‹ ja ein Verb, das im Fußball sehr häufig verwendet wird.«
Waldemar Hartmann

»Die Nase ist halt eine verletzliche Stelle,
und wenn man sie mit den Stollen oder der
Fußspitze berührt, kommt es zu Nasenbluten.«
Günter Netzer

»Márcio Amoroso ist der Prototyp des Spielers,
der nach einem 1:10 höchst zufrieden nach Hause geht,
weil er das einzige Tor geschossen hat.«
Paul Breitner

»Halten Sie die Luft an und
vergessen Sie das Atmen nicht.«
Johannes B. Kerner

»Und wieder ein Konter – wieder Cha Bum –
was macht er? – wieder drüber!«
*Holger Obermann kommentiert eine Wiederholung,
ohne es zu merken*

DAS GROSSE WM-QUIZ
FÜR FUSSBALL-EXPERTEN

Auf der nächsten Seite geht's los!

Gruppenspiele

1

Der überraschende WM-Gewinn der deutschen Mannschaft 1954 in der Schweiz wird allgemein bezeichnet als:

a) Die Überraschung von Zürich

b) Die Sensation von Basel

c) Das Wunder von Bern

d) Die Krönung von Genf

2

Gegen welche favorisierte Mannschaft gewann das deutsche Team das Endspiel?

a) Niederlande

b) Brasilien

c) Schweiz

d) Ungarn

3

Welche dieser Mannschaften wurde noch nie Weltmeister?

a) Uruguay

b) Niederlande

c) England

d) Frankreich

4

Welcher Spieler wurde bei der WM 2006 in Deutschland Torschützenkönig?

a) Lukas Podolski
b) Michael Ballack
c) Miroslav Klose
d) Bastian Schweinsteiger

5

Auch vier Jahre später bei der WM 2010 in Südafrika stand wieder ein deutscher Spieler ganz oben in der Torschützenliste. Wer war es diesmal?

a) Gerd Müller
b) Thomas Müller
c) Bastian Müller
d) Sami Müller

6

In welchem Land wird die WM 2014 stattfinden?

a) Brasilien
b) England
c) Indien
d) China

7

Welcher dieser Fußballer hat die meisten WM-Spiele absolviert?

a) Lothar Matthäus
b) Uwe Seeler
c) Diego Maradona
d) Paolo Maldini

8

Keine Mannschaft wurde häufiger Weltmeister als Brasilien. Wie viele Titel sind es bis jetzt?

a) 3
b) 4
c) 5
d) 6

9

Welcher dieser Spieler wurde als einziger drei Mal Weltmeister?

a) Franz Beckenbauer
b) Pelé
c) Diego Maradona
d) Ronaldo

10

Welche Mannschaft hat am häufigsten ein WM-Finale verloren?

a) Argentinien
b) England
c) Deutschland
d) Niederlande

11

Wie heißt die Trainerin der deutschen Frauen-National-mannschaft bei der WM 2011 in Deutschland?

a) Silvia Neid
b) Annika Zorn
c) Petra Hochmut
d) Sophie Geiz

12

Zwei junge deutsche Spieler standen bei der WM 2006 besonders im Rampenlicht. Wie lauteten ihre Spitznamen?

a) Miro und Metze
b) Schweini und Poldi
c) Lutscher und Schnix
d) Titan und Capitano

13

Welcher dieser Spieler erzielte die meisten Tore bei Weltmeisterschaften?

a) Gerd Müller
b) Just Fontaine
c) Miroslav Klose
d) Ronaldo

14

Und wie viele waren es?

a) 23
b) 19
c) 15
d) 13

15

Welche brasilianische Spielerin wurde 2007 Torschützen-königin bei der Frauen-WM in China?

a) Berta
b) Olga
c) Marta
d) Erna

16

Im Gruppenspiel Ghana – Deutschland bei der WM 2010 in Südafrika kam es zum Bruderduell zwischen ...?

a) Kevin-Prince und Jérôme Boateng
b) Gerald und Kwadwo Asamoah
c) Prince Tagoe und Prinz Poldi
d) Hans und Peter Sarpei

17

Wie heißt die Rekordspielerin und Rekordtorschützin der deutschen Frauen-Nationalmannschaft?

a) Birgit Prinz
b) Barbara König
c) Katharina Kaiser
d) Simone Papst

18

Der Song »'54, '74, '90, 2006« zur Fußball-WM 2006 in Deutschland stammt von welcher dieser Bands?

a) Sportfreunde Stiller
b) Tokio Hotel
c) Wir sind Helden
d) Die Fantastischen Vier

19

Welche Mannschaft blieb als einzige bei der WM 2010 in Südafrika ungeschlagen?

a) Spanien
b) Niederlande
c) Neuseeland
d) Uruguay

20

Der Franzose Just Fontaine hat bei einem einzigen Turnier sagenhafte 13 Tore erzielt und hält damit bis heute diesen Rekord. Wann war das?

a) 1958 in Schweden
b) 1974 in Deutschland
c) 1990 in Italien
d) 2002 in Japan und Südkorea

21

Und welcher Spieler erzielte die meisten Tore in einem einzigen WM-Spiel?

a) Pelé
b) Eusebio
c) Oleg Salenko
d) Just Fontaine

22

Welchen dieser Spitznamen für eine afrikanische National-
mannschaft gibt es nicht?

a) Die Elefanten
b) Die Super Eagles
c) Die unbezähmbaren Löwen
d) Die fleißigen Eichhörnchen

23

Wie lautet der richtige Vorname von
Bundestrainer Jogi Löw?

a) Josef
b) Johannes
c) Joachim
d) John-Gilbert

24

Welche dieser Spielerinnen hat bis jetzt die meisten WM-Tore
auf dem Konto?

a) Marta
b) Michelle Akers
c) Abby Wambach
d) Birgit Prinz

25

Bei der WM 2010 in Südafrika gelangte ein Tier zu welt-weiter Bekanntheit, das alle Spiele der deutschen Mannschaft sowie den Ausgang des WM-Finales richtig vorhersagte. Wer ist gemeint?

a) John, der Ochsenfrosch
b) Paul, der Krake
c) George, der Hamster
d) Ringo, die Brillenschlange

26

Das Maskottchen zur WM 2006 in Deutschland hieß?

a) Guido V
b) Grobi III
c) Goleo VI
d) Gorbi II

27

In seiner Zeit als Spieler erhielt Rudi Völler, Trainer der WM-Mannschaft von 2002, aufgrund seiner Frisur folgenden Spitznamen:

a) Tante Inge
b) Tante Käthe
c) Tante Gerda
d) Tante Emma

28

*Wer verwandelte im WM-Finale von 1990 den entscheidenden
Elfmeter zum 1:0-Sieg für die deutsche Mannschaft gegen
Argentinien?*

a) Andreas Brehme
b) Guido Buchwald
c) Jürgen Klinsmann
d) Rudi Völler

29

*Als Elfmeterschütze war eigentlich Lothar Matthäus vor-
gesehen. Doch der fühlte sich nicht sicher genug, weil er ...*

a) ... in der Nacht zuvor von einem verschossenen Elfmeter
   geträumt hatte
b) ... kurz vorher übel gefoult worden war
c) ... in der Halbzeitpause die Schuhe gewechselt hatte
d) ... seinen Glücksbringer in der Kabine vergessen hatte

30

*Bei der WM 1974 in Deutschland gewann die DDR das
Gruppenspiel gegen die Bundesrepublik mit 1:0. Wer schoss das
entscheidende Tor?*

a) Jürgen Sparwasser
b) Uwe Sparstrumpf
c) Reinhard Sparbier
d) Michael Sparschwein

31

Welche dieser Mannschaften wurde bisher noch nicht
Frauen-Weltmeister?

a) USA
b) Norwegen
c) Brasilien
d) Deutschland

32

Wann fand die erste Fußball-WM der Männer statt?

a) 1884
b) 1908
c) 1920
d) 1930

33

Beim Elfmeterschießen im Viertelfinalspiel zwischen
Deutschland und Argentinien bei der WM 2006 holte der
deutsche Torhüter Jens Lehmann plötzlich einen Spickzettel
hervor, der wichtige Tipps zu den Elfmeterschützen der
Argentinier enthielt. Wo hatte er den Zettel versteckt?

a) In seiner Unterhose
b) In seinem Schienbeinschoner
c) In seinem Handschuh
d) In seiner Hosentasche

34

Welcher Spieler ist mit 17 Jahren nicht nur jüngster Tor-
schütze der WM-Geschichte, sondern erzielte bei seinem ersten
Turnier auch noch einen Hattrick, kam bis ins Finale, schoss dort
auch noch ein Tor und wurde Weltmeister?

a) Ronaldo
b) Pelé
c) Diego Maradona
d) Ronaldinho

35

Beim WM-Finale zwischen Deutschland und Ungarn bei der
WM 1954 in der Schweiz schoss Helmut Rahn das Siegtor.
Wie lautete sein Spitzname?

a) Der Chef
b) Der Boss
c) Der Meister
d) Der Arbeiter

36

Auch Franz Beckenbauer trägt einen besonderen Spitznamen.
Wie wird er genannt?

a) Der Prinz
b) Der König
c) Der Kaiser
d) Der Papst

37

Welche dieser Mannschaften nahm als einzige an allen WM-Turnieren teil?

a) Deutschland
b) Brasilien
c) England
d) Italien

38

1966 erreichte die sowjetische Mannschaft den 4. Platz bei der WM in England. Im Tor stand Lew Jaschin, der unter Experten als bester Torhüter aller Zeiten gilt. Wie lautete sein Spitzname?

a) Der weiße Tiger
b) Der schwarze Panther
c) Der unbezähmbare Löwe
d) Der Stubenkater

39

Im Finale zwischen England und Deutschland bei der WM 1966 wurde das legendäre Wembley-Tor erzielt, bei dem der Ball von der Latte auf die Torlinie prallte. Der Schiedsrichter entschied trotzdem auf Tor. Wer war der Schütze?

a) Eigentor durch Wolfgang Weber
b) Roger Hunt
c) Geoff Hurst
d) Bobby Charlton

40

Wer war der jüngste Spieler, der je an einer WM teilnahm?

a) Pelé
b) Norman Whiteside
c) Ronaldo
d) Michael Owen

41

Im Viertelfinalspiel zwischen Argentinien und England bei der WM 1986 in Mexiko erzielte Diego Maradona ein irreguläres Tor, das der Schiedsrichter aber trotzdem gab. Später sagte Maradona zu seinem unfairen Treffer:

a) Es war die Schulter des Titanen
b) Es war der Arm des Helden
c) Es war die Hand Gottes
d) Es waren die Finger Jesu

42

Im Finale der WM 2006 flog der Franzose Zinédine Zidane nach einer Tätlichkeit gegen den Italiener Marco Materazzi, der zuvor Zidanes Schwester übel beleidigt haben soll, vom Platz. Was hatte Zidane gemacht?

a) Er hat Materazzi geohrfeigt
b) Er hat ihm in den Hintern getreten
c) Er hat ihm den Ellenbogen ins Gesicht gerammt
d) Er hat ihm einen Kopfstoß auf die Brust verpasst

43

In welchem dieser Länder fand noch nie eine WM statt?

a) Uruguay
b) Schweiz
c) Chile
d) Österreich

44

Roger Milla aus Kamerun erzielte bei der WM 1994 in den USA als ältester Spieler der Geschichte ein Tor. Wie alt war er?

a) 36
b) 39
c) 42
d) 44

45

Welche Mannschaft musste am häufigsten bereits nach der Gruppenphase die Heimreise antreten?

a) Mexiko
b) Südkorea
c) Schottland
d) Frankreich

46

Bei der WM 2010 in Südafrika gab es einen Skandal um die französische Mannschaft. Ein Spieler wurde sogar vorzeitig nach Hause geschickt, weil er seinen Trainer in der Kabine übel beleidigt hat. Wer war es?

a) Nicolas Anelka
b) Franck Ribéry
c) Patrice Evra
d) Sidney Govou

47

Lothar Matthäus hat die meisten Länderspiele für Deutschland absolviert. Wie viele waren es?

a) 123
b) 134
c) 142
d) 150

48

Welche Mannschaft brachte das Kunststück fertig, beim Elfmeterschießen im Achtelfinale der WM 2006 keinen einzigen Treffer zu erzielen?

a) Ukraine
b) Schweiz
c) Türkei
d) Australien

Achtelfinale

49

Der italienische Torhüter Walter Zenga hat bei der WM 1990 den Rekord für die meisten Minuten ohne Gegentor aufgestellt. Wie lange hat er kein Tor kassiert?

a) 286 Minuten
b) 355 Minuten
c) 428 Minuten
d) 517 Minuten

50

Otto Rehhagel trainierte die griechische Mannschaft bei der WM 2010 in Südafrika und hält damit den Rekord als ältester WM-Coach. Wie alt war er?

a) 66 Jahre
b) 71 Jahre
c) 77 Jahre
d) 81 Jahre

51

Der jüngste Trainer der WM-Geschichte ist Juan José Tramutola, der 1930 Argentinien betreute. Wie alt war er?

a) 27 Jahre
b) 33 Jahre
c) 38 Jahre
d) 42 Jahre

52

Uruguay war eine der Überraschungsmannschaften bei der WM 2010 in Südafrika und landete am Ende auf dem 4. Platz. Außerdem wurde ein Uruguayer zum besten Spieler des Turniers gewählt. Wer?

a) Diego Forlán
b) Diego Godín
c) Diego Lugano
d) Diego Pérez

53

Welcher Trainer hat die meisten WM-Spiele (25) und die meisten Siege (16) auf dem Konto?

a) Vittorio Pozzo
b) Helmut Schön
c) Luiz Felipe Scolari
d) Mário Zagallo

54

Der Türke Hakan Şükür erzielte 2002 im Spiel gegen Südkorea das schnellste Tor der WM-Geschichte. Wie lange brauchte er dafür?

a) 11 Sekunden
b) 38 Sekunden
c) 59 Sekunden
d) 1 Minute und 14 Sekunden

55

Wann fand die erste Frauen-WM statt?

a) 1930
b) 1968
c) 1980
d) 1991

56

Wer schoss das entscheidende Tor beim ersten WM-Titel Spaniens 2010 in Südafrika im Finale gegen die Niederlande?

a) Andrés Iniesta
b) Xavi
c) David Villa
d) Carles Puyol

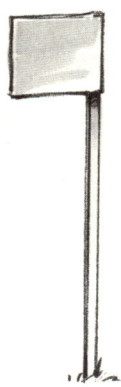

Viertelfinale

57

Wer hat es außer Franz Beckenbauer noch geschafft, sowohl als Spieler als auch als Trainer die WM zu gewinnen?

a) Mário Zagallo
b) Diego Maradona
c) Carlos Dunga
d) Jürgen Klinsmann
e) Rudi Völler
f) Luiz Felipe Scolari

58

Von 1930 bis 1970 bekam der Weltmeister den »Jules-Rimet-Pokal« überreicht. Seitdem gibt es einen neuen Pokal. Warum ist das so?

a) Der alte Pokal wurde gestohlen und ist nie wieder aufgetaucht
b) Der Pokal wurde für einen guten Zweck auf eBay versteigert
c) Der Pokal wurde für zu klein und unscheinbar befunden
d) Nach drei gewonnenen WM-Titeln durfte Brasilien den Pokal für immer behalten
e) Es gab keinen Platz mehr auf dem Pokal, um den Namen einer weiteren Siegermannschaft eingravieren zu lassen
f) Der alte Pokal wurde beim Transport so schwer beschädigt, dass er nicht mehr repariert werden konnte

59

Lothar Matthäus nahm an fünf Weltmeisterschaften teil und ist damit zusammen mit einem weit weniger bekannten Spieler Rekordhalter. Wer ist der andere Spieler?

a) Djalma Santos
b) Antonio Carbajal
c) Władysław Żmuda
d) Hong Myung-bo
e) Sami Al-Jaber
f) Rigobert Song

60

Der Brasilianer Carlos Alberto Parreira nahm als Trainer an sechs Weltmeisterschaften teil (Rekord) und trainierte dabei insgesamt fünf verschiedene Teams (auch ein Rekord). Außer ihm gibt es noch einen weiteren Trainer, der fünf verschiedene Teams bei Weltmeisterschaften betreut hat.
Wer ist es?

a) Bora Milutinović
b) Guus Hiddink
c) Luiz Felipe Scolari
d) Sven-Göran Eriksson
e) Mário Zagallo
f) Marcelo Bielsa

Halbfinale

61

Das Halbfinale Italien – Deutschland bei der WM 1970 in Mexiko wird oft als »Spiel des Jahrhunderts« bezeichnet, da es an Spannung und Dramatik bis heute unübertroffen ist. Italien lag bis kurz vor Schluss mit 1:0 in Führung, ehe Deutschland ausgleichen und die Verlängerung herbeiführen konnte, in der sich dann Italien am Ende mit 4:3 durchsetzte. Den Ausgleich zum 1:1 erzielte Karl-Heinz Schnellinger, was den TV-Reporter Ernst Huberty zu seinem berühmten Ausspruch »Ausgerechnet Schnellinger!« verleitete. Was war das Besondere an Schnellinger?

a) Er spielte damals in Italien beim AC Mailand

b) Er hatte vor dem Spiel angekündigt ein Tor zu schießen

c) Er sollte eigentlich bei nächster Gelegenheit ausgewechselt werden

d) Er war verletzt und humpelte nur noch über den Platz

e) Schnellinger wurde erst Sekunden zuvor eingewechselt

f) Er stand damals gerade kurz vor einem Wechsel zu Juventus Turin

g) Schnellinger hatte neben der deutschen auch die italienische Staatsbürgerschaft

h) Schnellingers Frau war Italienerin

62

Südkorea war eine der großen Überraschungsmannschaften bei der WM 2002 und schaltete Italien und Spanien aus, ehe man sich im Halbfinale der deutschen Mannschaft geschlagen geben musste. Welcher niederländische Trainer hat die Mannschaft damals betreut und wird deswegen bis heute in Südkorea von den Massen verehrt?

a) Louis van Gaal
b) Guus Hiddink
c) Huub Stevens
d) Dick Advocaat
e) Frank Rijkaard
f) Johan Cruyff
g) Bert van Marwijk
h) Marco van Basten

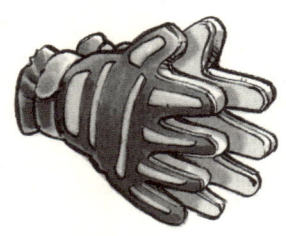

Spiel um Platz drei

63

Bei der WM 1998 in Frankreich feierte die Mannschaft Kroatiens mit dem 3. Platz ihren bisher größten Erfolg. Welcher Spieler schoss das Siegtor im Spiel um Platz drei und sicherte sich damit auch noch den Titel als bester Torschütze des Turniers?

a) Robert Prosinečki

b) Zvonimir Boban

c) Davor Šuker

d) Zvonimir Soldo

e) Slaven Bilić

f) Dario Šimić

g) Igor Tudor

h) Miroslav Blažević

Finale

64

Bei der WM 1974 begeisterte die niederländische Mannschaft mit ihrem offensiven »totaalvoetbal« und kam bis ins Finale. Dort fiel nach einem Foul an Johan Cruyff, dem Star der Niederländer, durch einen Elfmeter in der 2. Minute das schnellste Tor eines WM-Finales. Dies sollte jedoch das einzige Tor für die Niederlande bleiben, die am Ende mit 1:2 gegen Gastgeber Deutschland verlor. Wer war der Schütze des Tores für die Niederlande?

a) Johann Cruyff

b) Ruud Krol

c) Arie Haan

d) Rinus Michels

e) Johnny Rep

f) Johan Neeskens

g) Wim Jansen

h) Wim Suurbier

Verlängerung

65

Welche dieser Mannschaften hat noch nie an einer WM teilgenommen?

a) Haiti
b) Togo
c) Jamaika
d) Indien
e) Nordkorea
f) Costa Rica
g) Angola
h) Israel

66

Wer schoss das allererste Tor der WM-Geschichte beim Turnier 1930 in Uruguay?

a) Just Fontaine
b) Laurent Blanc
c) Lucien Laurent
d) Luc Tonnerre
e) Alain Delon
f) Michel Platini
g) Jean Genet
h) Jean Giraud

Elfmeterschießen

67

Im Alter von 17 Jahren wurde der Brasilianer Pelé bei der WM 1958 in Schweden zum großen Star und gilt Experten bis heute als bester Fußballer aller Zeiten. Wie lautet sein richtiger Name?

a) Edison Arantes do Nascimento
b) Manoel Francisco dos Santos
c) Arthur Antunes Coimbra
d) Ricardo Izecson dos Santos Leite
e) Ronaldo de Assis Moreira
f) Ronaldo Luís Nazário de Lima
g) Carlos Caetano Bledorn Verri
h) Romário de Souza Faria

Gewonnen!!!

LÖSUNGEN

1

c) Das Wunder von Bern

2

d) Ungarn

3

b) Niederlande

4

c) Miroslav Klose

5

b) Thomas Müller

6

a) Brasilien

7

a) Lothar Matthäus

8

c) 5

9

b) Pelé

10

c) Deutschland

11

a) Silvia Neid

12

b) Schweini und Poldi

13

d) Ronaldo

14

c) 15

15

c) Marta

16

a) Kevin-Prince und Jérôme Boateng

17

a) Birgit Prinz

18

a) Sportfreunde Stiller

19

c) Neuseeland

20

a) 1958 in Schweden

21

c) Oleg Salenko

22

d) Die fleißigen Eichhörnchen

23

c) Joachim

24

d) Birgit Prinz

25

b) Paul, der Krake

26

c) Goleo VI

27

b) Tante Käthe

28

a) Andreas Brehme

29

c) ... in der Halbzeitpause die Schuhe gewechselt hatte

30

a) Jürgen Sparwasser

31

c) Brasilien

32

d) 1930

33

b) In seinem Schienbeinschoner

34

b) Pelé

35

b) Der Boss

36

c) Der Kaiser

37

b) Brasilien

38

b) Der schwarze Panther

39

c) Geoff Hurst

40

b) Norman Whiteside

41

c) Es war die Hand Gottes

42

d) Er hat ihm einen Kopfstoß auf die Brust verpasst

43

d) Österreich

44

c) 42

45

c) Schottland

46

a) Nicolas Anelka

47

d) 150

48

b) Schweiz

49

d) 517 Minuten

50

b) 71 Jahre

51

a) 27 Jahre

52

a) Diego Forlán

53

b) Helmut Schön

54

a) 11 Sekunden

55

d) 1991

56

a) Andrés Iniesta

57

a) Mário Zagallo

58

d) Nach drei gewonnenen WM-Titeln durfte Brasilien den
Pokal für immer behalten

59

b) Antonio Carbajal

60

a) Bora Milutinović

61

a) Er spielte damals in Italien beim AC Mailand

62

b) Guus Hiddink

63

c) Davor Šuker

64

f) Johan Neeskens

65

d) Indien

66

c) Lucien Laurent

67

a) Edison Arantes do Nascimento

EIN FUSSBALL-TRAUM
WIRD WAHR!

Andreas Schlüter & Irene Margil
**NIKLAS' GANZE
FUSSBALLWELT**
Taschenbuch
560 Seiten
ISBN 978-3-551-32026-1

NIKLAS SPIELT BEGEISTERT FUSSBALL in der E-Jugendmannschaft. Doch er will nicht länger die Bank drücken, sondern beim nächsten großen Spiel selbst zum Einsatz kommen. Schließlich hat seine Mannschaft Großes vor: Das Ziel ist die U12-Weltmeisterschaft. Und bei der wollen sie auf jeden Fall gegen Marco und seine Elf aus Italien antreten – und im Endspiel natürlich gewinnen! Hoffentlich kann ihm Raufuß, sein Gummi-Gecko und größter Glücksbringer, dabei helfen. Alle drei Geschichten der Trilogie »Fußball und …« in einem Band!

RETTE DEN SIEG
DER MANNSCHAFT!

Christian Tielmann
**DRIBBELN IM KOPF –
EIN FUSSBALLRÄTSELBUCH**
Taschenbuch
128 Seiten
ISBN 978-3-551-32025-4

TRAINER TIM TRICKMANN UND SEINE MANNSCHAFT vom SC 1848 sind vor dem großen Spiel gegen den Erzrivalen vom BVN ziemlich nervös. Schließlich geht es um die Ehre – und natürlich um den Pokal! Doch im Stadion geht es nicht mit rechten Dingen zu. Die Mannschaft des BVN schummelt, wo sie nur kann! Aber dem cleveren Trainer Trickmann und seinen Jungs macht so schnell keiner was vor. Als der Pokal plötzlich verschwindet, stehen alle vor einem Rätsel.

WWW.CARLSEN.DE

DEIN SPIEL,
DEINE ENTSCHEIDUNG!

Fabian Lenk
FUSSBALLSTAR 1:
EIN TRAUM WIRD WAHR
Taschenbuch
128 Seiten
ISBN 978-3-551-31689-9

TOMS TRAUM IST WAHR GEWORDEN: Er hat den Sprung zu den Profis geschafft und wird bald seine erste Saison in der Fußball-Bundesliga spielen! Doch wie soll
er sich verhalten: den taktischen Anweisungen des Trainers folgen oder auf dem Platz
ein Solo hinlegen, um allen sein Talent zu beweisen? Einen Elfmeter in der Nachspielzeit
schinden oder fair bleiben? Abends mit den Kumpels um die Häuser ziehen oder noch
eine Extraschicht auf dem Trainingsplatz einlegen? Das alles liegt in der Hand der Leser!

RÄTSELSPASS
FÜR ZAHLENZAUBERER

Stefan Heine
**LIEBLINGSRÄTSEL –
LOGIK UND ZAHLEN**
Taschenbuch
144 Seiten
ISBN 978-3-551-31912-8

BEIM ARZT IST DIE WARTEZEIT MAL WIEDER EWIG LANG? Die Busfahrt scheint kein Ende zu nehmen? Und die Begeisterung schlägt für logisches Denken und Zahlen? Dann ist dieses Rätselbuch genau das Richtige!

Sudokus, Rechenpyramiden, Labyrinthe oder Logikrätsel – bei jeder Aufgabe sind Grips und scharfes Nachdenken gefragt! Hier kann jeder Zahlen-Fan knifflige Aufgaben mit logischem Verstand lösen. Dieses Rätselbuch fördert die Konzentration, macht Spaß und erweitert nebenbei spielerisch den Umgang mit Zahlen. Für alle Kinder ab 10 also genau das Richtige, um der Langeweile zu entkommen.